# 삶의 오솔길

# 삶의 오솔길

| 발행일 | 2020년 8월 31일 | | |
|---|---|---|---|
| 지은이 | 진목 | | |
| 펴낸이 | 손형국 | | |
| 펴낸곳 | (주)북랩 | | |
| 편집인 | 선일영 | 편집 | 정두철, 윤성아, 최승헌, 최예은, 이예지, 최예원 |
| 디자인 | 이현수, 한수희, 김민하, 김윤주, 허지혜 | 제작 | 박기성, 황동현, 구성우, 권태련 |
| 마케팅 | 김회란, 박진관, 장은별 | | |
| 출판등록 | 2004. 12. 1(제2012-000051호) | | |
| 주소 | 서울특별시 금천구 가산디지털 1로 168, 우림라이온스밸리 B동 B113~114호, C동 B101호 | | |
| 홈페이지 | www.book.co.kr | | |
| 전화번호 | (02)2026-5777 | 팩스 | (02)2026-5747 |

| ISBN | 979-11-6539-378-6 03230 (종이책) | 979-11-6539-379-3 05230 (전자책) |
|---|---|---|

이 도서의 국립중앙도서관 출판예정도서목록(CIP)은 서지정보유통지원시스템 홈페이지(http://seoji.nl.go.kr)와
국가자료공동목록시스템(http://www.nl.go.kr/kolisnet)에서 이용하실 수 있습니다.

삶의 오솔길

진목 시집

book Lab

## 시집을 내면서

한 권의 시집을 낸다는 것은 참으로 고단하지만, 한편으로론 행복한 일입니다. 우리가 날마다 사는 그 모습 자체가한 편의 시가 되곤 합니다. 시처럼 살아가는 모습은 아름답고 향기로운 꽃처럼, 시원한 오아시스 물처럼 그렇게 살아가는 것이지요. 우리는 살면서 비바람을 만나거나 폭염과 폭풍우를 만날 때가 있습니다. 실망하고 모든 걸 포기하고 싶을 때 각자가 믿어 온 신을 찾아 그분을 찬미하고찬양하며 현실의 고난과 파도를 피하거나 이겨 나갈 수 있습니다. 아무리 고달픈 삶이라도 간혹 숲속 오솔길을 걸어가면서 고단함을 달래며 쉬어 가면 더 좋은 삶의 길을 따라갈 수 있을 것입니다.

여기에 모인 글들이 독자 여러분에게 작은 위로가 되고삶의 허무함이 느껴질 때 조그마한 희망의 불씨가 되기를빕니다. 신은 보이지도 않고, 만질 수도 없지만, 분명한 사실은 신은 실존하며 우리의 삶에 엄청난 영향을 준다는것입니다. 신은 우리가 자만에 빠져 있을 때 실제로 우리에게 채찍을 드시기도 하고 절망에 빠져서 허우적거릴 때는 희망을 주기도 합니다. 늘 우리 곁에 계시며 우리를 좋은 길로 인도합니다. 그러나 우리의 자유의지를 억압하거나 막지는 않습니다. 사람들이 스스로 깨달아 당신의 뜻을 알아차리기를 늘 기다려 줍니다. 사람이 그런 사실을알아차리는 경우는 심한 좌절과 죽음의 상태가 되었을 때입니다. 좋을 때 깨닫는다면 인생이 고달프지 않습니다. 그러나 사람은 늘 좋을 때는 자만과 자랑과 선민의식에 빠져 자신을 보살피는 신앙의 절대자를 무시하고 조롱하며 신의 존재를 알지 못하고 살아갑니다. 이 시집을 통하여 자신의 절대자 신을 의식하고 인식하는 삶이 되기를 바라며 독자 여러분에게 신의 가호가 있기를 간절히 바랍니다. 행복하고 즐겁고 기쁜 삶을 사시기를 바랍니다.

2020년 8월
진목 배상

# 목차

# 십자가 주님

십자가 주님의
피로써 검붉게
물들어 빨간색
장미가 피어나
고운 빛 내지요

십자가 주님의
고뇌와 고통이
살아난 열정이
못 박혀 거룩한
향기가 나지요

십자가 자비와
사랑과 용서가
배이어 숭고한
하느님 뜻으로
온 누리 밝히는
영광이 되지요

찬미의 찬양의
노래로 사순절
십자가 현양해

하느님 앞에서
죄악을 참회해
선한 옷 입고서
새사람 되지요

## 어머니 위령미사

어머니 위령미사
자녀들 세상 손님
돈 되는 문상객들
맞느라 정신없이
분주해 망자 위한
미사를 안 합니다

신부님 속이 상해
상주를 불렀지만
손주들 참례하고
자녀들 불참하여
그대로 미사하고
돌아와 우셨대요

예수님 따르려면
자신을 희생하고
십자가 짊어지고
따라야 한답니다

죽은 자 살 것이고
산 자는 죽을 거라
하시며 생명의 길

갈 것을 간곡하게
말씀을 하십니다

오늘도 어떤 길을
가야만 하는지를
조용히 성찰하며
바른 길 선택하여
기쁘고 행복하게
예수님 모시면서
사시길 바랍니다

## 봄비는

봄비는
대지를 깨워
생명을
움트게 하죠

봄비는
사람을 깨워
마음을
깨끗이 하죠

봄비는
나무를 깨워
꽃들을
피우게 하죠

봄비는
연인들 깨워
사랑을
나누게 하죠

봄비는
그리움 깨워
연민을
느끼게 하죠

## 걱정거리

걱정거리 많은 세상
자식 걱정 직장 걱정
공부 걱정 가족 걱정
세상 걱정 나라 걱정
재물 걱정 신앙 걱정

온통 모두 걱정하며
사는 것이 세상이죠
뭘 먹을까 뭘 입을까
하느님과 예수님은
걱정 마라 하시지요

들의 꽃들 길쌈 노동
하지 않고 그냥 피면
가장 좋은 옷 입히죠
공중 새들 걱정 없이
언제든지 굶주리지
아니하고 먹고살죠
당신 닮은 사람들을
굶기거나 입지 않게
보고 있을 하느님이
아니시라 하시지요

하느님과 재물들과
서로 함께 마음 쓰면
죽도 밥도 안 된다며
하느님을 따르면서
그의 의와 뜻을 따라

그의 나라 사모하면
걱정들은 사라지고
필요한 것 모든 것은
주어진다 하시지요

어미들이 자식들을
잊을 수도 있겠지만
하느님은 우리들을
항구하게 잊지 않고
챙기신다 하시지요

사람들이 빵만으로
살지 않고 말씀으로
살아간다 하시지요

우리들은 걱정 대신
주어지는 하루하루
기도하며 힘써 살며
주님 은총 받으면서
행복하게 감사하며
찬미하며 살아가요

—

# 예수님

—

예수님 부유했지만
가난한 사람 위해서
가난해지셨습니다
그래서 가난한 사람
부유케 되었습니다

예수님 닮으시려고
부단히 노력하시는
신부님 애쓰십니다
신자들 좋아집니다
신부님 기도합니다

세상과 모든 신자들
아울러 바른 신앙을
갖도록 가르치지만
신자들 고집과 비판
신부님 걱정케 하며
성당이 아파합니다

예수님 사랑과 평화
주시어 우리 신부님
힘들지 않게 하소서

신부님 가르침 따라
신자들 겸손과 순종
살도록 도와주소서

기도로 살게 하소서
자비로 살게 하소서
평화로 살게 하소서
사랑을 살게 하소서

# 어머니

어머니 누구나
마음에 생각에
뇌리에 박힌
정겨운 말이죠

예수님 어머니
형제들 친척들
가슴에 담겨짐
지우라 했지요

야고보 신부님
첫 성당 부임해
성무를 보는데
어머니 전화해

신부님 성당에
가보고 싶다고
하는데 신부님
단호히 거절해

그것이 상처가
되어서 지금도
가끔씩 어머니

기억날 때마다
짠하다 합니다

예수님 따르는
사제들 참으로
아픈 일 슬픈 일
많지만 예수님
고통을 따르죠

침묵과 기도로
기쁨과 평화로
모든 것 승화해
사제길 묵묵히
가신다 합니다

우리들 모두도
예수님 바라며
말씀을 따르며
하느님 신비를
보면서 하루를
기쁘고 즐겁게
사시길 빕니다

# 어찌합니까?

어찌합니까?
깊은 내 심정
내어 보일 수도
없습니다

어찌합니까?
마음 한구석
있던 연민조차
떠납니다

어찌합니까?
환자이구나
생각하고
이해하렵니다

어찌합니까?
고통스럽고
미워지기
시작했습니다

어찌합니까?
참기 어려운
아픔 안고 성당
나갑니다

어찌합니까?
주님 십자가
바라보며 위로
받습니다

# 새 신부님 미사

어제는 원장 야고보 신부님
서품 30주년 기념미사
오늘은 라자로 마을 어르신들이
매일 아침 미사 전 기도로
후원하는 외방 전교회 소속
네 분의 새 신부님 두 분의 부제님이
집전하는 라자로 마을 첫 미사가
하느님께 장엄하게 드려졌습니다

너희는 세상의 빛이다
하는 말씀을 토대로
초대 이경재 원장
신부님에 의하여
만들어진 한센인들 낙원
라자로 마을은 처음부터
지금까지 훌륭한 원장 신부님들과
마을 어르신들의 지극정성의
기도로 많은 은총이 빛으로
세상을 밝게 비춥니다

술을 끊어 버리고
매일 미사를 참례하는 관계로

일주일에 두 번 이상
어떨 때는 다섯 번 라자로 마을
아침 미사에 참례합니다

그 은총으로 큰 고난 속에서도
마음의 고요를 지킬 수
있었습니다 영적으로 바로
설 때 세상일과 물적 축복도
함께함을 체험합니다

첫 미사 신부님의 축복을
받으며 기쁨의 눈물을
많이 흘리며 신부님들의
십자가의 여정이 행복하시길
간절히 청했습니다
저도 십자가를 기꺼이 지며
주어진 삶 속에서 네 새 사제님과
부제님을 위하여 기도할 것을
다짐했습니다

주님은 나의 반석 나의 산성
나의 구원자 나의 하느님
내가 숨어드는 바위이시다
오늘 예수님은 교리나 율법에
얽매이지 말고 사랑을 실천하며

서로 이해하고 사랑하라고
하시면서 바리사이들 원리주의를
사랑의 말씀으로 책망하십니다

사랑은 율법과 도덕과 교리를
완성합니다 서로 사랑하십시오
서로 이해하고 위로하십시오
그리고 저희들을 위하여
지금처럼 여전히 기도해 주십시오
주님께 감사 찬미 드리며
라자로 마을 어르신들께
감사드립니다

## 후기

2017년 2월 7일, 외방 전교회 김윤일 로베르또, 김성남 빌립보, 노진원 미카엘, 이준훈 토마스모어, 신부님들, 김영진 모방베드로, 최정렬 안드레아, 부제님들이 집전하는 라자로 마을 첫 미사 모습을 묵상하며 글을 썼습니다. 여러분들께도 큰 축복 있기를 빕니다. 감사합니다.

## 사제 서품 30주년

사제 서품 30주년
뜻깊은 자리에
난 라자로 마을
덕분에 두 분 사제
조욱현 토마스 신부님
박현배 야고보 신부님
서품 기념 미사에
참례하는 은총을
누렸습니다

두 분 모두 30년이
마치 찰나처럼
지났다고 하셨습니다
야고보 신부님은
지금까지 신부님으로
살아 온 것이 마치
깊은 강물 꼭대기 위에
걸쳐진 외줄을 타고
온 것 같다고 하십니다

늘 하느님께서
함께하셨기에

오늘에 이르셨다고
겸손하게 고백하십니다

이웃집 아저씨처럼
소탈하시고 솔직담백하신
예수님 꼭 빼어 닮으신
속이 깊으시고 사랑 가득하신
보기 드문 귀한 신부님

앞으로 30년도 여일하게
기쁘고 즐겁고 행복하게
보내시어 성인품에
오르시는 신부님 되시라
기도했습니다

신부님 감사합니다
30년이 찰나처럼 지났다고
하십니다 우리에게
주어진 오늘
세상의 빛으로 살며
서로 행복하고 기쁘게
살기를 바랍니다

## 너희는

너희는 세상의 소금이다
소금은 부패를 방지하고
맛을 새롭게 하며
물질을 정화시켜 줍니다

너희는 세상의 빛이다
빛은 어두움을 밝게 하고
모든 것을 적나라하게
드러나게 합니다 빛을
받으면 생명을 얻습니다

말만 들어도 이 세상을
밝혔던 빛의 사람 두 분
김수환 스테파노 추기경님
이태석 요한 신부님이
생각납니다

두 분은 온 세상에 빛이
되시어 종교나 이념을
달리하는 사람들도
그분들을 빛으로 인정하며
존경하고 사랑합니다

그분들은 빛으로 오신
구세주 예수님의 빛을
받아 세상에 반사하여
예수님이 참 빛이심을
증거하신 분들입니다

너희 빛이 사람들
앞을 비추어 그들이
너희의 착한 행실을 보고
하늘에 계신 너희 아버지를
찬양하게 하여라

하신 말씀을 실천하신
두 분을 본받아 우리들도
우리가 할 수 있는 선행으로
이 세상 빛의 반사자로서
참 빛을 증거하는 삶을
살아가도록 하지요

## 산다는 것

모두 분주하게
삽니다 어린 아기부터
어른들에 이르기까지
정신없이 바쁩니다
중고등 학생들도
마치 노동자처럼
힘겹게 살아갑니다

복음을 전하고
고아와 병자들을
보살펴주고 가난한 이들
고단한 사람들을
위로하다가 예수님께
보고 드리러 온
제자들에게 외딴곳에
가서 쉬어라 하십니다

우리도 분주함과
고단함을 잠시 멈추고
나를 성찰하며
한가로운 시간을
가져 봅시다

사제인 당신도
어느 날 하루에
연속하여 네 대의
미사를 집전하고
사제관으로 갔는데
사제의 의무인
성무일도 생각으로는
하는데 결국 못하고
잠든 적도 있답니다

그렇게 사는 우리에게도
예수님은 잠시 쉬라고
하십니다 그래서
몸과 마음과 영혼에
주님께서 주시는
새 기운을 받아
새 가짐으로 기쁘고
행복한 삶을 살기로
합시다

## 신자의 삶

여러분은 항상
형제애를 실천하고
손님 대접을
정성껏 하십시오

감옥에 갇힌 사람
학대받는 사람들을
기억하고 그들에게
연민을 가져 보세요

가정생활을
정숙하고 화목하게
하여 가정을
지상 천국이 되게 하여
평화롭게 하십시오

돈에 욕심을 내지 말며
가진 것으로
만족하십시오
돈 욕심은 죄의 근원이며
화근덩어리가 됩니다

영적 지도자들의
수고와 고뇌를 이해하고
그들이 평안하도록
노력하십시오

예수님은 결코
여러분을 버리지도
곁을 떠나지도
않으십니다

주님은 어제도 오늘도
영원히 같은 분이십니다
그분 안에서 한 주일을
잘 정리하고 새 주일을
준비하는 기쁘고
행복한 하루 되시길
기도합니다

# 눈 내리는 날

하얀 눈이
뭉실뭉실
내립니다

검정 우산
안에서
걷습니다

우산 위가
하얀 세상
되었습니다

우산 안은
여전히
검습니다

하얀 눈길
여일하게
걷습니다

하얀 눈빛
검은 안을

비춥니다

우산 안도
하얀 세계
되었습니다

# 대사제

거룩하시고
순수하시며
순결하신 대사제

살아계시고
힘이 있으며
전능하신 대사제

오늘 우리를
열두 사도들
붙여 사도로
파견합니다

불신앙 세상에
들어가 복음 삶으로
신앙으로 넘치게
하라고 하십니다

불의의 세상에
나아가 곧은 삶으로
정의누리 이루어
놓으라 하십니다

전쟁의 세상에
참여하여 삶으로
평화동산 만들어
꾸미라 하십니다

가난한 세상에
동참해 주는 삶으로
공정낙원 보이어
빛 되라 하십니다

아수라 세상에
미소로 웃는 삶으로
사랑정원 꽃피워
향 피우라 하십니다

# 손을 뻗어라


손을 뻗어라
주님 말씀을 따라
그분 뜻을 믿고
사랑이 필요한 곳으로

손을 뻗어라
주님 모범을 받아
그분 손을 잡고
도움이 필요한 곳으로

손을 뻗어라
주님 정신을 쫓아
그분 발길 따라
자비가 필요한 곳으로

손을 뻗어라
주님 복음을 듣고
그분 숨결 따라
평화가 필요한 곳으로

# 하느님 도성

하느님 도성 안에
머무르며
은총의 샘물
마음껏 마십니다

용서와 자비 안에
머무르며
은총의 눈물
마음껏 흘립니다

화해와 평화 안에
머무르며
은총의 기쁨
마음껏 누립니다

## 82세 대자

박종인 라이문도
가르멜 수도원 신부님
집전으로 인천 길병원
병실에서 세례식과
미사성제가 있었습니다

82세 서산 태생 농부 노인
할머니는 개신교 권사님
신앙심 좋은 며느님 덕분으로
대세가 아닌 세례를 받습니다

신부님 속성 교리 제가
들어도 귀에 쏙쏙 들어오고
마치 제가 세례 교리를
받는 듯했습니다 할아버지는
연실 인자한 미소를 잃지 않고
아멘으로 응답하십니다

1시간이 넘는 교리 교육과
문답이 마치 1년 치를 축약한
것처럼 조금도 흐트러짐
없는 완벽한 것이었습니다

그처럼 장엄한 세례식에
저는 대부 겸 해설자 겸 독서자로
참례하는 영광을 예수님께서
베풀어 주셨습니다 기적입니다

2015년 11월 위령성월부터
매일 미사에 참례하며 늘
행복한 나날을 예수님 성심 안에
머물며 온갖 복을 다 받으며
기쁨을 누리며 살았습니다

갑자기 목감기와 구내염으로
월요 미사를 궐하는 불상사가
일어났습니다 여러 가지
기도를 하며 일을 하며
성무일도 9시경을 바치는데
다급한 전화가 옵니다

시아버지 세례식이 있는데
대부를 서야 한답니다
사무실에 얘기했더니
흔쾌히 허락을 해줍니다

하느님 은총이 병실에
가득 내리는 가운데

모든 일정이 끝났습니다
대자인 요셉 할아버지는
기쁨이 넘쳐 눈물 흘리고
저는 6년간 묵주기도를
올렸던 묵주를 선물로
드렸습니다

영혼 구원이 하느님께서
가장 좋아하시는 일이심을
모든 일정에서 기적을
느끼고 체험했습니다

성체를 모시고 북받치는
감정은 은총 사랑 자비
자체였습니다 그리스도인
얼굴로 세상을 살아가기로
굳게 다짐하며 이 기적
체험을 글로 써봅니다
예수님 성모님 당신이
사랑하시는 노신부님을
통하여 베풀어주신
모든 은총 감사 찬미
드립니다

# 아기 예수님

간절했던 아기 예수님
2016년 끝자락에
성모님 태중에서
탄생하셨습니다

거룩하고 장엄한
성탄전야 미사에
참례하여 오시는
아기 예수님을
그 당시 깨어 있던
목동들과 마음껏
찬미하며 온 교우들과
환호했습니다

빛으로 오신 예수님
어둡고 스산한
마음을 환하게
밝히시어 좌정하시고
몸과 마음과 영혼을
깨끗하게 지켜주시며
거룩하게 하시어
영원한 생명으로
이끌고 계십니다

세상 욕심과
교만으로
어둡던 눈을
밝게 하시어
선하고 겸손하게
해 주십니다

세상일에 몰두하며
이기적인 이야기만
들어 음습하고 꽉
막혔던 귀를 열어
복음과 영원한 도성
찬미 찬양 노래를
듣게 합니다

불의와 판단 온갖
불평불만을 말하던
입을 꼭 막아 침묵 중에
아기 예수님 나라를
그리워하며
열망하게 해 주십니다

악하고 굽고 잘못된
생각과 말과 행동을
선하고 바르고 올곧은
생각과 말과 행동을

하도록 인도하십니다

아기 예수님 경배하며
그분을 통하여
외아들 보내주신
하느님 얼과 용안을
뵈옵고 그분의 자비와
사랑을 온몸과 마음으로
느낍니다 주님을
찬미 찬양합니다

하늘 높은 데에서는
창조주 하느님께
영광! 영광! 영광!
땅에서는 그분이
사랑하시는 모든
사람들과 그분을
그리워하며
환호하는
다른 사람들에게도
평화! 평화! 평화!

메리 크리스마스
성탄을 축하합니다

## 열매

은행 열매
모두 떨어뜨리더니
노랗게
제 잎들
단장했습니다

새잎 파랗게
돋아난 것이
바로 어제 같았는데
벌써 낙엽 되어
한두 잎씩 떨어집니다

가을 날씨
으스스 어두워도
모든 것 상관 않고
은행나무 해맑게
웃으며 제 몸 단장
당당히 뽐냅니다

# 주교님

오늘 주교님 오신다니
미사 끝나고 성당 마당
도열하여 주교님 환호하며
맞았습니다

일일이 신자 손을 잡아주며
축복해 주십니다
몇몇 정치색 짙은 신자들
안 보이다가 오늘 나타나
주교님과 크게 인사하며
자신들 존재 드러냅니다

겸손하신 사목 회장님
큰절하며 주교님 맞습니다
조용히 말없이
신부님 예수님처럼
담담하게 하느님
맞이하시는 듯합니다

오늘은 참 좋은 날
대사제 오신 날
누님 자매님은

식당에서 맛있는 음식
준비하느라 구슬땀
흘립니다

하느님 오시는 듯
예수님 오시는 듯
성모님 오시는 듯
큰 사제 오셨으니
우리 성당 큰 축복받아
늘 평화롭고 사랑
가득한 성당 되게 하소서
우리 신부님 기도
이루어지게 하소서

# 방패

십자가
성혈로
사랑의 믿음
저의 방패로
주셨나이다

순교자
선혈로
증거의 믿음
저의 정표로
주셨나이다

십자가
순교자
밑거름 삼아
구원의 투구
주셨나이다

말씀으로
전승으로
성령의 칼
주시어 세상
살아가게
하시나이다

## 가을 문턱에서

가을 문턱에서
느티나무
가로수 아래
나무 의자에
앉아 있습니다

가을 문턱에서
작은 무대
플루트 연주를
가을 노래로
감미롭게 합니다

가을 문턱에서
가을바람
연주 운율로
엷은 가을 옷 입은
낙엽들이 춤춥니다

가을 문턱에서
자유 시장 열려
각종 수제 작품
제주인 솜씨 뽐내며

팔리길 바랍니다

가을 문턱에서
무명 시인 가슴
엷은 가을 미소
머금고 가을 풍경
글로 그립니다

## 가을 풍경 1

가을 햇살에
익어가는 장처럼
당신 사랑
한몫을 받아 담아
깊게 익어가게 하소서

가을 단풍에
물들어 가는 산처럼
당신 자비
한몫을 받아 담아
곱게 채색하게 하소서

가을바람에
스러져 가는 풀처럼
당신 온유
한몫을 받아 담아
살갑고 부드럽게 하소서

# 성모, 저의 어머니

성모, 저의 어머니
당신 겸손 본받아
오늘 하루
겸손의 덕으로
살게 하소서

성모, 저의 어머니
당신 사랑 덧입어
오늘 하루
사랑의 덕으로
살게 하소서

성모, 저의 어머니
당신 순종 본받아
오늘 하루
순종의 덕으로
살게 하소서

성모, 저의 어머니
당신 인내 덧입어
오늘 하루
인내의 덕으로
살게 하소서

# 가을날

어느 가을날
소국이 성모
잔디밭을
아름답고
예쁘게 꾸미고
있습니다

소국은
가을 소화되어
성모 찬양하는
사소한 일상 사랑을
드립니다

가을밤 창공
하얀 유성
섬광처럼
예수님 사랑
체험하여
모든 사소한 일에
그 사랑 적용하여
그 사랑 실천합니다

그 사랑이 작은 꽃다발로
주님께 헌화되며
선교 사도들 사랑의
힘이 되었습니다

빨래하며 튀기는
물방울에서도
청소하며 작은
먼지에서도
주님 사랑을
노래하던 소화여
저희도 당신 그 사랑
배우게 하소서

# 가을 묵상

가을 해바라기가
고개를 숙이고
저에게 말합니다
늘 겸손하라고

가을 도토리가
땅에 떨어지며
저에게 말합니다
늘 나눠 주라고

가을 낙엽들이
거리에 뒹굴며
저에게 말합니다
늘 비워 버리라고

가을 어머니가
미소 머금으며
저에게 말합니다
저 하늘 보라고

# 오상의 비오 신부님

오늘은 저를 위하여
눈물 흘리며
전구해 주셨던 오상의 비오
신부님 축일입니다

과거는 하느님 자비에
현재는 하느님 사랑에
미래는 하느님 섭리에
맡기고 오늘 찰나 순간
즐겁고 행복하게 예수님
안에서 착하게 살아가길
바라고 기도하십니다

오상에서 흘러나오는
성혈에서는 꽃향기
가득했습니다
그 향기를 맡는 사람마다
회개하고 새사람을
부활하여 예수님을
찬미 찬양했습니다

50년을 십자가상에서

사시면서 형언할 수 없는
고통에서도 예수님처럼
태연하게 평화 속에서
죄인들 구원 사업과
복음 선포와 인류의 행복을
위하여 위대한 십자가 사랑을
실천하였습니다

슬픈 사람에게 위로를
고통스러운 사람에게
말씀과 자비를
죄인들에게는 사랑의
성사를 펴셨던
나의 삶을 바꾸어 주신
성 오상의 비오 신부님
감사드립니다

당신 가르침 뼛속에
새기고 핏속에 넣어
당신 스승님 예수님께
영광 드리는 삶으로
보답할 수 있도록 천상
영복 속에서 저를
기억해 주소서!

우리 가정 우리 성당
우리나라 한국의 회개와
평화를 천상에서
빌어 주소서! 특히
가난하고 고통 중에 있는
한국 민족들을 위하여
당신의 향기를 나눠 주소서!

## 상사화(相思花)

임 그리워
이슬비 맞으며
함초롬히
꽃으로
피워냈습니다

임 그리며
땅속에 묻히어
다소곳이
잎으로
숨어 있습니다

서로 그리움
애태우며
기다려도
꽃과 잎은
만나지 못합니다

그래도 슬픔
고이 감추고
곱고 아름답게
제 모습 그대로
태연히
보여 줍니다

# 귀로

여인 셋이
수만 명
어머니 같다

한 어머니는
갓난아기를
업었다

곱게 조용히
집안 살림을
해왔던 어머니들

전쟁 통에
남편을 잃고
가장 역할로 나섰다

종일 노점상 하여
돈 벌고 빨래터에서
빨래도 하고…

이제 고단한 하루를
보내고 집으로

돌아가며 각자
하루 일과를
담소로 나눈다

내일은 추석인데
제사상은 차리는가?
산 사람 목구멍에
거미줄 치는데…

그라도 밥그릇 국 한 그릇
떠 놓으련다 혼백이라도
찾아와 주면 좋겠다

고달픈 일상을
그래도 담담하게
살아가며 마치
하늘처럼 땅처럼
사셨던 어머니들

# 새벽 종소리

새벽 종소리가
내 영혼을
깨웁니다

새벽 종소리가
내 정신을
맑게 합니다

새벽 종소리가
내 마음을
밝힙니다

새벽 종소리가
내 온몸을
흔듭니다

새벽 종소리가
온 누리를
깨웁니다

새벽 종소리가
온 세상을
키웁니다

# 가을입니다

바로 가을입니다
맑고 높은 하늘이
날 상쾌하게 합니다

바로 가을입니다
곱고 예쁜 구름이
날 행복하게 합니다

바로 가을입니다
가을벌레 합창이
날 시원하게 합니다

바로 가을입니다
새벽 정겨운 별들이
날 설레게 합니다

바로 가을입니다
청량 담백한 바람이
날 꿈꾸게 합니다

# 죄의 씨앗

오늘 제가 교만에
빠지지 않게
섭리하시어 그 씨앗을
말려 주소서

오늘 제가 음란에
빠지지 않게
도와주시어 그 씨앗을
죽게 하소서

오늘 제가 탐욕에
물들지 않게
섭리하시어 그 씨앗을
말려 주소서

오늘 제가 탐식에
헤매지 않게
도와주시어 그 씨앗을
없애 주소서

오늘 제가 질투로
혼란치 않게

섭리하시어 그 씨앗을
죽게 하소서

오늘 제가 성냄에
**빠**지지 않게
도와주시어 그 씨앗을
말려 주소서

오늘 제가 나태에
이르지 않게
섭리하시어 그 씨앗을
죽게 하소서

# 무더위 노동자

무더위에
일용직 근로자들
온몸을 땀으로
목욕합니다

내리쬐는
햇빛이 오늘은
반갑지 않았습니다

하느님께
자비를 요청하는
기도를 했습니다
예수님께
사랑을 요청했습니다
성모님께
도움을 요청했습니다

잠시 후 구름이
햇빛을 가리고
선선한 바람까지
불어 주었습니다

종일 햇빛 아래서
일하는 근로자들
주님께서
연민하시며 자비와 사랑을
보여 주셨습니다

감사 찬미를 올렸습니다
감사합니다 강렬한
햇빛 아래서 일할 수
있도록 배려해
주셔서요

오늘도 생명 주시고
일터를 주시고
구름을 보내 주시고
바람을 보내 주시어

선선한 바람에
잠시 땀을 식히며
시원한 물을 마시며
주님 현존을 보며
끼며 힘든 노동에
지친 몸과 마음을
풀 수 있게
해주셔서요

— **감사합니다**

—
감사합니다
오늘 당신 얼굴
보게 해주서서요

감사합니다
오늘 당신 마음
알게 해주서서요

감사합니다
오늘 당신 사랑
보게 해주서서요

감사합니다
오늘 당신 인사
받게 해주서서요

감사합니다
오늘 당신 느낌
좋게 해주서서요

감사합니다
오늘 당신 소리
듣게 해주서서요

## 노동자들

몹시 더운 날씨
노동하는 동료
안타까운 마음으로
바라볼 뿐
함께하지 못합니다

오아시스 카페가
보여 쑥스러운 맘으로
들어가 아이스커피
한 잔 샀습니다
천 원입니다

속이 타서 얼른
마시고 물을 리필받아
마시며 일하고 있는
동료들에게
미안했습니다

시간 맞추어
네 잔을 더 시켜
갖다주어야
하겠습니다

마음이 아픕니다
오늘 섭씨 35도
폭염 속에서도
노동하는 모든 노동자들
그들에게 하늘의
복 가득하길 빌 뿐
그래도 기도라도
할 수 있어 다행입니다

## 사랑하면서

사랑하면서
산다는 것
서로
배려하는 것입니다

사랑하면서
산다는 것
서로 부족함
채워 주는 것입니다

사랑하면서
산다는 것
서로 상처
치유해 주는 것입니다

사랑하면서
산다는 것
서로 미성숙한 것
도와주는 것입니다

사랑하면서
산다는 것
서로 미운털

빼내는 것입니다

사랑하면서
산다는 것
서로 고통을
아파해 주는 것입니다

사랑하면서
산다는 것
서로 기쁨을
기뻐해 주는 것입니다

사랑하면서
산다는 것
서로 필요를
나누는 것입니다

사랑하면서
산다는 것
서로 미소와 눈물
함께하는 것입니다

## 오늘은

오늘은 조용히
침묵 중 뜨거운
태양이 왜 대지를
달구는지 생각해
봅니다

오늘은 차분히
묵상 중 달궈진
대지가 무엇을
키우는지
바라다봅니다

오늘은 정중히
기도 중 하늘이
원하는 소명이
무엇인지 알아채
봅니다

오늘은 편안히
명상 중 나 자신
수많은 먼지로
돌아감을
알아챕니다

오늘은 그래서
더욱더 조심하고
조금 더 나누고
겸손하게 모든 걸
수용하고 안아
줍니다

## 본바탕

아름다운 마음에
아름다운 꽃이 핍니다

향기로운 정신에
향기로운 나무 큽니다

지혜로운 가슴에
따사로운 빛이 납니다

# 성모 어머니

어머니 늘
다정다감하게
반겨 주십니다

어머니 늘
자애로운 눈으로
살펴 주십니다

어머니 늘
사랑스러운 맘으로
달래 주십니다

어머니 늘
조용하게 불러
안아 주십니다

어머니 늘
남모르게 자비로
도와주십니다

## 우리는 서로

우리는 서로
다른 생각을 합니다

우리는 서로
다른 말을 합니다

우리는 서로
다른 행동을 합니다

그럼에도
우리는 같은 생각으로
모아보려고 애씁니다

그럼에도
우리는 같은 목소리를
내어보려고 힘씁니다

그럼에도
우리는 다 같이 합하여
뭉쳐보려고 나갑니다

# 비가 내립니다

비가 내립니다
임진강변에
비구름이 남북을
오가며 평화로이
정겹게 비를
내려줍니다

비가 내립니다
저 강토에도
이 강토에도
그 비들은 한물이
되어 하나 되어
서해 바다로
흥겹게 내려갑니다

비가 내립니다
고요한 대침묵 속에
흉악한 음모가
숨겨진 이쪽저쪽
산하에 그냥
백성의 눈물인 양
흩뿌려 내립니다

비가 내립니다
슬픔과 고통에
기쁨과 안정에
절망과 희망에
그래도 비만이라도
남북을 오가는
한 조각구름으로부터
통일비로
내려줍니다

# 기도 1

기도만이 돈 문제도
해결하는 유일한
방법입니다

나의 모든 것을
해결하는 도구입니다

욕심과 욕망의
물질은 모두 허상이며
다른 사람을 괴롭히고
이웃을 죄짓게 합니다

이제 모든 계산을 멈추고
지금까지 주어진 물질과
자녀와 생명에 감사하며
일절 모두 침묵으로
기다리기로 했습니다

주님만이 내 힘이시오
내 산성이며 내 하느님이며
나의 주관자이십니다

과거는 그분의 자비에
현재는 그분의 사랑에
미래는 그분의 섭리에
맡겨 드립니다

## 헌 달 새 달

헌 달 유월은
후덥지근한
인상을 남기고
간신히 한 고개
넘어갔습니다

새 달 칠월은
시원한 단비와
함께 뭔가
좋은 일이 많을 것
같은 느낌으로
우리 앞에
와 서 있습니다

예수 성심 덕분에
나날이 있었던
고뇌와 고난을
무사히 이겨 내며
즐겁고 행복하게
헌 달 유월을
보람과 환희 안에서
살았습니다

새벽 미사와 함께

새 달 칠월을
맞으며
성당에 가득 쌓인
쓰레기들을
깨끗하게 치우며
칠월에는 더욱
청량한 나날이
되기를
소원해 봅니다

기도하며
감사하며
사랑하며
나누며 베풀며
가뭄 끝에 내리는
단비처럼
사람들과 자연
온 누리에
유익한 삶을
살아 보도록
힘쓸 것을
다짐합니다

## 기도 2

기도하는 한
희망이 있습니다

기도할 수
있는 한
포기는 없습니다

기도하는 한
두려움이 없습니다

기도를
할 수 있으면
좌절은 없습니다

기도하면
불가능이
없습니다

기도하면
고난을 이길
힘이 생깁니다

기도하면
미움이 변하여
사랑이 됩니다

기도하면
불행이 닥쳐도
행복합니다

기도하면
슬픔을 이기고
기뻐합니다

기도하면
모든 일이
평화롭게
성취됩니다

## 삶

살아간다는 것
고뇌와 고통을
동반한다는
것입니다

살아 있다는 것
위험과 슬픔이
함께한다는
것입니다

살아간다는 것
불운과 역경을
맞아들인다는
것입니다

살아 있다는 것
이별과 죽음을
환영한다는
것입니다

살아간다는 것
그래도

즐겁고 행복한
것입니다

살아 있다는 것
그래도
기쁘고 다행스러운
것입니다

살아간다는 것
그래도
참되고 운 좋은
것입니다

살아 있다는 것
그래도
기도 덕분이고 감사하다는
것입니다

## 하얀 연꽃

작은 연못에
하얀 연꽃
한 송이가
거룩하게
피어나 연못을
환하게 합니다

물레방아 돌아도
바람이 불어도
물결이 일어도
물고기 오가며
괴롭게 해도
고운 미소로
나그네를
반갑게
맞아줍니다

소나무가 그늘을
드리워도
햇빛이 다소 따가워도
초연하게
고운 자태로

오가는 사람들을
거룩하게
맞아줍니다

작은 연못
외롭게 피어
당당하게
기도하는
연꽃으로
조용한
평화가 가득하여
물길을 따라
온 세상으로
퍼져갑니다

## 감사합니다

성심 사랑으로
가득 찬 그 마음 씨앗
제 삭막한 마음 밭에
심어 주시어
사랑의 싹을 틔워 주시고
예쁜 사랑 꽃피게 하시고
탐스러운 사랑 열매 맺은
기름진 옥토 마음 밭을
일구게 하심에 감사합니다

성심 희망의 씨앗을
부족한 제 마음의 밭에
뿌리시어 믿음의 싹을
틔워 주시고 예쁜 희망 꽃
피우게 하시고 귀한
믿음 열매 맺게 해주심에
감사합니다

성심 성령의 씨앗
제 돌쩌귀 밭에
뿌리시어 싹을 틔워 주시고
예쁜 성령의 꽃을 피우게

하시고 성령 열매
주렁주렁 맺게 하시고 칠은
은총 주시어 엎어지고
뒤틀린 세상을 곧게
펴게 하시고 복음을 전하며
온갖 풍파와 고난을
이겨 내게 하시고 승리할 수
있게 하심에 감사합니다

성심 삼라만상의 찬미 찬양
받으시기에 합당하시며
조용하고 부드럽게 만상을
키워 주시어 사람들에게
기쁨과 행복 슬픔과 불행
어떤 처지에서도 위로와
평화를 주심에 감사합니다

성심만이 생명이며 생동하는
현실입니다 부족하고
모자라는 제가 당신 성심
안에 머무르면서 찬미
찬양하나이다 아멘

## 저로 하여금

저로 하여금
누군가가
불편하지 않은
오늘이게 하소서

저로 하여금
누군가가
아파하지 않는
오늘이게 하소서

저로 하여금
누군가가
슬퍼하지 않는
오늘이게 하소서

저로 하여금
누군가가
분노하지 않는
오늘이게 하소서

저로 하여금
누군가가
절망하지 않는
오늘이게 하소서

## 선행

새로운 낯선
전화번호가
찍혀 있습니다

한낮 고단한
노동으로
깊은 잠에
받지 못했습니다

집 주변을
여러 번 돌고
헤맸지만
차 댈 곳이
없었습니다

동사무소
마당에
이중 주차
했습니다

좋은 차 앞에
세웠는데

혹시나 하고
전화를 걸었더니
어느 젊은 친구가
예의 바르고
친절하게
차를 빼려고
전화했답니다

미안하다고 하니
괜찮다고 합니다

저녁 10시 50분에
전화했는데
새벽 3시에
전화했습니다

얼른 가서
차를 빼서
큰길가에
주차했는데
바로 앞차에
비상등이
켜져 있습니다

친절한 젊은이

마음이 고마워
차주에게
전화를 걸어
주었습니다

부부가 나와
고맙다고
했습니다

이렇게 친절은
선행을 하게
합니다

우리나라 미래가
밝아 보여 행복한
주일을 선행으로
시작합니다

# 왠지

왠지
잠을 이룰 수
없습니다

왠지
억울하고
화가 납니다

왠지
슬프고
아팠습니다

모두
제 탓으로
돌리곤 합니다

두 손
모아 모아서
기도합니다

두 손
꼭 잡고서

용서 빕니다

이제
속이 서서히
풀려갑니다

이제
감사와 기쁨
샘솟습니다

올해 들어
이 새벽에
여치가
창가에 왔습니다

경쾌하게
노래하며
위로해 줍니다

## 임종 전 정리

아직 살아계실 때
올겨울이 오기 전에
돌아가실 거라며
남편 겨울옷 정리하여
고물로 줍니다

젊은 시절 노동할 때
입었을 작업복 두터운
한복 명절맞이 한복
빛바랜 옷들과
딸이 치매 아버지에게
선물로 드린 옷까지
남편의 인생의 편린의
추억을 정리합니다

단호하고 담담하게
슬픈 미소를 잔잔하게
띤 초로의 여인의 손길

살짝 떨립니다
어린 외손자는
할머니의 평소와

다른 모습에서 눈만
껌뻑이며 할머니를
바라봅니다

치매 노인의 평안을
기도하며 떨어질 대로
떨어진 옷값에
연연하지 않고
외손자에게 몇 푼
쥐어 주고 한 노인의
치열했던 인생
한 조각을 자루에
꾹꾹 눌러 짊어지고
그 집을 나섰습니다

## 고운 어머니

고운 한복
차려입으시고
인자한
모습으로 우리를
보호하시는 성모 동산

고운 어머니!
예쁜 다람쥐
미운 청설모
온갖 곤충과 새들
성모님을 빙 둘러
보호하는 밤나무
참나무 소나무

그 모든 피조물에게
잠잘 곳 먹을 것 입을 것
등 온갖 필요한 것
마련해 주시는
전지전능하신 고운 어머니!

조용히 바라보며
기도드리면

밝고 맑은 미소로
나의 기도 소리를
경청하시어

아드님 성자께
상세하고 정성껏
전구하여 소원이
이루어지도록 하시는
자비로운 고운 어머니!

어머니를 통하여
성부 은총받고
어머니를 통하여

성자 사랑받고
어머니를 통하여
우리 형제, 자매
화합하며
행복하게 살 수
있습니다!
고운 어머니 감사합니다!

## 유기견

사랑받으며
행복했던 시절
기억 내다 버린
배신한 주인 찾아
헤맵니다

아스팔트 건너
알 수 없는 곳으로
가다가 벤츠에
치어 쓰러졌습니다

쌍용 기아 현대
고급 승용차들이
그 위로 무심하게
지나갑니다

피 흘리며 처참하게
짓이겨집니다

아무 생각 없는
사람들은 무심하게
지나갑니다
꾸겨진 사랑 충성
하늘만 서글퍼
비를 주룩주룩
내립니다

# 새 아침

새들은 새 아침
밝아오는 하루
기쁘고 즐겁게
찬미 노래로
시작합니다

숲속 나무들은
고요히 아침햇살
다정히 반기며
감사 침묵
기도합니다

냇물 소리에
평화로이
돌아가는 물레들이
세상은 돌고
도는 것이라고
가르칩니다

서로 조화롭게
물속 자유로운
잉어들은
들여다보는
손님에게 평화
인사합니다

## 철쭉 동산

철쭉이 만개하여
우리에게
고운 모습으로
가까이 와 달라고
손짓합니다

하얀, 빨강, 연분홍,
진분홍 각기 다른
몸단장하고

서로 고운 자태를
뽐내며 활짝
웃습니다

시민들은 세파에
찌든 마음을
달래려고 한바탕
철쭉 축제를
벌입니다

군포 철쭉 축제는
온갖 시름을

잊게 하고 새 희망

우리 가슴에

철쭉꽃처럼

각양각색으로 한껏

꽃피웁니다

## 그분과 함께

그분과 함께
뚜벅뚜벅
세상 속으로
걸어갑니다

그분과 함께
뚜벅뚜벅
진리 안으로
들어갑니다

그분과 함께
뚜벅뚜벅
생명 속으로
들어갑니다

그분과 함께
뚜벅뚜벅
그분 길 따라
걸어갑니다

# 봄 풍경

앞산 뒷산
온통 연두 새순
가득 물들어 갑니다

늠름한 고목
나이 어린 아목
똑같이 예쁜 새순
서로 틔워냅니다

하얀 철쭉은 엊그제
선종한 자매를 애도하고
빨간 철쭉은 자매 부활을
예고하고 곱디고운
연분홍 철쭉은 자매 어린
시절 고운 자태를
추억합니다

이렇게 자연은 사람을
품어주고 안아주고
치유하며 희망을
줍니다

또 시간을 잠시 멈추게 하여
새 마음 새 정신 새 영혼으로
새 몸을 만드는 여유를 줍니다
그리고 신의 영광을
찬미하게 합니다

# 참새

참새 새끼들이
먹이를 찾아
나섰습니다

봄기운을 받고
태어나 튼실하게
보입니다

아스팔트 도로
차 밑으로
기어갑니다

원하는 먹이가
있어야 할 텐데
더 건강해져
먹이가 풍부한
수리산으로
날아가야 할 텐데

워낙 어수선한
거리에서
사고당하지 말고

안전해야 할 텐데

그래도 저들의 먹잇감이야
하늘이 이미
준비해 놓아 조금은
안심이지만

엊그제 막 대학을
졸업한 듯한
술에 취해 비틀거리는
저 젊은이는 어찌하나?

붙잡고 말을 걸고
싶지만 내 코도
석 자라 속으로
하늘의 복을 기도하며
나를 합리화한다

저 참새처럼
씩씩하게
용감하게
세상을 향하여
뛰어가길
간절히 소원해
봅니다

# ― 봄비

― 봄비가 반가웠습니다
여기저기 뿌연 먼지를
쓸어가 주었습니다

동토에 숨었던 생명들이
꿈틀거리며 기지개를
켭니다 일부 생명은
그만 비를 기다리다
지쳐 죽어가며
눈물 흘립니다

산천초목이 즐거운
노래를 부르며 봄비
내려주는 신께
감사드립니다

홀로 창가를 응시하며
깊은 묵상에 빠졌던
방 안 창가 화분들이
비를 맞고 싶다고
아우성칩니다

화분들을 창밖으로
데리고 나가 함께
봄비를 흠뻑 맞으며
어릴 때 소년으로
돌아가 미소 지으며
봄비와 맘껏 어울렸습니다

그리고 샤워하고
깊은 낮잠에
빠져 좋은 꿈을
꾸었습니다

## 추억의 설 풍경

차례상 앞에서
간만에 보는
과일들, 고기들
조상님 생각보다
침부터 꼴깍
소리 없이 넘어갑니다

배불리 떡국, 고기
밤, 대추…
먹고 나서
죽 집안 서열에 따라
세배드립니다

덕담이나 집안
내력을 듣기보다
세뱃돈 계산에
머리가 혼란스럽습니다

대충 얼렁뚱땅
집안 행사를
마치고 동네를
돌며 세배를

다닙니다

세뱃돈 인심이
좋은 어르신을
제일 먼저 찾습니다
어릴 때 그래도
돈 만질 기회는
설뿐이기에
그랬습니다

이젠 세뱃돈을
준비해야 하는
나이가 되었습니다

작은 복주머니에
정성껏 세뱃돈
준비를 합니다
동네 아이들에게
세뱃돈 인심 후한
어른으로
소문나기를 바랍니다

그런데 워낙 폐쇄적
개인적 성향으로
몇 년째 세뱃돈이

쌓여 갈 뿐입니다

다시 어린 시절
설이 부활했으면
좋겠습니다
차례상도 정성껏
마련하고 세배도
다니며 서로
즐겁고 행복한
그런 설 명절이었으면
좋겠습니다

설을 맞아서 당신 나
우리 모두가
한마당 두레를 놀며
한껏 어울려
얼씨구 좋다! 하고
싶습니다
그렇게 되라고
신께 간절히 청원합니다

## 흰 눈

나무에 흰 눈이
쌓여 소복 입은 듯
거룩합니다

마른 풀밭에
흰 눈이 쌓여
하얀 도화지인 듯
숨었던 추억을
그려냅니다

곱고 고운 어머니
다정했던 아우들
고마웠던 친구들
지지했던 이웃들

그리고 크고
아름다운 사랑과
자비를 베푸신
하느님 그려봅니다

그리고 미움 슬픔
고통 좌절…
저 눈 속에 묻어봅니다

# 영명 축일

하늘나라 시민권
부여받은 날

하늘나라 책임감
부여받은 날

하늘나라 평화
내려 머문 날

하늘나라 희망
올려보던 날

하늘나라 기쁨
넘쳐오던 날

그날 그 모든 것
오늘 새롭게

다시 축복으로
느끼며 행복하소서

## 새해 가는 해

한 해가 또 훌쩍
떠났어요

그래도 작년에는
많은 복이 있었죠

무엇보다 당신과
함께한 것이
큰 복이었어요

사랑해요!
고마워요!

새해가 되었어요
가슴이 벅차요

우선 가족과
새해 첫날 해맞이
축복 기도 했어요

새해에도 여전히
당신과 더불어

행복했으면 해요

사랑하는 마음으로
이해하는 마음으로
배려하는 마음으로

새해에는 뭐든지
노력한 만큼
복을 받길 바라요
우리 모두 함께

새해에는 어깨동무
하면서 즐겁고
기쁘게 보내요
서로 고마워하면서요

# 그날이 온다


그날이 온다
자동으로
오해가 풀릴 날이
그래서 지금 침묵한다

그날이 온다
자동으로
억울함이
풀릴 날이
그래서 지금
눈을 조용히 감는다

그날이 온다
자동으로
옳고 그름이
결정된다
그래서 지금
참고 즐긴다

그날이 온다
자동으로
깊은 골이

메워지고
평평해질 것이다
그래서 지금
기뻐하며
희망을 가져본다

## 왜 살아야 합니까?

우리는 왜 살아야 합니까?
자식 때문에
식구 때문에
또 다른 어떤
이유와 변명 있나요
아닙니다
우리는 우리 자신을
위하여 살아야 합니다

모든 것을 다 잃었다 해도
모든 것을 다 뺏겼다 해도
모든 것이 다 떠났다 해도
남은 것이라고는
알몸뿐이기에 우리는
자신을 위하여
주어진 오늘 최선으로 살며
행복하고 기뻐해야 합니다

우리는 서로 뭉쳐야 합니다
때로는 마음에 안 들어도

때로는 미워 죽겠어도

때로는 박 터지게 싸웠더라도
우리는 또다시 잊고
용서하고 이해하며
평화를 회복하고
서로 도와야 합니다

우리의 영원한 힘은 용기는
바로 옆 내 동지들뿐임을
생각하고 서로 협동하여
앞으로 장엄하게 전진합시다

# 추억

아비는 어디 가고
엄마 혼자 핏덩이
등에 업고

살길 찾아온 세상
헤매다가
역 앞에서
죽고자 구걸하는데

후덕한 양조장
사모님 만나 두
목숨 살아났네

오늘처럼 비 오는
날이면 비 맞으며
울던 엄마 보고파요

아주머니 덕분에
모자를 씨받이로
받아들인 양부가
고맙습니다

아랫목 모자에게
내 주고 스스로
건넌방 가신 또
한 엄마

난 그 엄마가
고맙고 그립습니다

양부 양모의 큰 사랑
잊지 못하나 불행했던
친모가 오늘도
내 눈시울을 적십니다

# 세월

햇살이 찬바람에
많이 식어 쪼인다

가을이 깊어가는
징조들이 여기저기
나타난다

짧은 반팔 사내는
긴팔 셔츠에 점퍼
얇은 셔츠에 망사 옷
걸치던 아주머니는
두터운 점퍼에
털모자까지 썼다

그나마 남겨놓은
단풍잎도
모두 떨구어
가지들만 휑한
나무들이
듬성듬성 서 있다

소리 지르며

으르렁거리던
가을 사무실
삭막한 분위기도
늦가을로 치닫는
가난한 이들 모습이다

이 가을이 지나면
후회할 일을
사람들은 왜 할까?

그냥 늦가을 자연처럼
초연하게 모든 걸
버리면 될 것을
늦가을 찬바람이
살을 파고든다

## 가을 풍경 2

하늘가 어스름
구름에 해는 숨고
스산한 바람
은행나무 사이를 돈다

우수수 노란
잎들이 어린이
놀이터에 쏟아져 쌓인다
아이들은 노란 잎을
움켜잡으며 즐겁게
놀고 있다

가을 타는 어떤 어른
연실 폰 게임을 하며
퉤퉤거린다
아마 게임이 술술
풀리지 않는 모양이다

어린아이들은 스스로
찾아온 가을을 만끽하며
까르르 즐긴다
어른은 계절도 잊은 채

고루한 폰 게임에 빠져
좋은 시절을 파괴하여
버린다

깊어가는 가을빛에
그리운 얼굴들이
노랑 빨강 설핏설핏
햇빛이 들면
반짝거린다

# 가을 나무

창가에 서서히
울긋불긋
커피 향처럼
단장한
나무들이
은은히
다가옵니다

느티나무는
안토시아닌
붉은빛
타닌 갈색
적당하게
어울려
곱습니다

은행나무는
크산토필
노란색이
연두색
본색과
아우러져

곱게 다가옵니다

고독한 가을
남자들은
따뜻한 커피
한 잔에
인생의 아름다운
지난날
그토록 아팠던
모든 것들조차
추억에
잠겨 너그러운
자태가
곱게 보입니다

## 가을 하늘

창문에 새털구름이
여기저기 걸려 있는
드높은 파르스름한
가을 하늘이 그려져
있습니다

온갖 새들은 이 나무, 저 나무
방문하며 즐겁게 새날을
맞느라 바쁩니다

단감나무 대봉시 나무
감들은 이제 불그스레
꼭 술 취한 얼굴을 닮아
가고 있습니다

막바지 여름 흔적들을 지우고
가을 자국을 남기려는 누리를
창문에 가득 채우고 있습니다

나도 마음에 여름 아린 잔재들을
정리하면서 먼저
책장을 정리합니다

이제 서장고로 보낼 책들은
보내고 이 가을 꼭 읽고 싶은
두어 권 간디 괴테 채근담
챙겨 손 닿는 데 놓았습니다

감사합니다
고맙습니다
행복합시다
베풉시다
악수합시다
미소 지읍시다
가을을 환영하며

반기며 말입니다

# 우리 신부님

예수님 꼭 닮은
우리 신부님
미소가 보고 싶어요

예수님 꼭 같은
우리 신부님
목소리 듣고 싶어요

예수님 꼭 닮은
우리 신부님
따뜻한 손 잡고 싶어요

예수님 꼭 같은
우리 신부님
발자국 따르고 싶어요

## 하느님

하느님 이제
모든 걸 정리하고
싶습니다

하느님 이제
모든 걸 용서받고
싶습니다

하느님 이제
모든 걸 해결하고
싶습니다

하느님 이제
모든 걸 버려내고
싶습니다

하느님 이제
모든 걸 봉헌하고
싶습니다

하느님 이제
모든 걸 침묵하고

싶습니다

하느님 이제
모든 걸 이해하고
싶습니다

## 상현달

한밤중 사경
상현달
내 창가에
찾아왔습니다

하루하루
조금씩 덜어낸
빛들이
사그라졌어도
모습은
여전히 달 모습
단아합니다

내 덜어낸
욕심 파편들
미움 조각들
태우고 버려도
달님처럼
소소하지
못함이 아쉽습니다

그래도
달님의 여유와
미소를 본받아
여생의 빛을
혼란스럽고
혼탁한 세상을
비추고 싶습니다

# 솔새

아침저녁
춥고 덥고
기온 차가
심합니다

솔새 소리
슬프게 들려
이리저리
찾습니다

기와 사이
깊숙하게
솜털 새끼
애탑니다

어미 솔새
새끼 먹이
새끼 이불
구합니다

## 위로

월요일 오후
일을 마치고
대수술 받는
자매님 댁 찾아
형제님을 위로하니
방금 수술이 무사히
끝났다고 합니다

서로 주님께 감사하고
주님을 찬미하며
기쁨을 나눴습니다
난 성체조배하러
성당으로 갔습니다
저녁 일곱 시가
넘었습니다

성당 안은 무척
깜깜했습니다
큰 수녀님께서
흐느끼면서
기도하고 계셨습니다

아 저 기도
덕분에 그 자매님
수술이 잘된 것이구나
생각하며 난

성체 앞에서
감사 기도를 간단히
바치고 바로
성당을 나왔습니다

혹시 수녀님 기도에
방해될까 해서입니다
여러 가지 일로
복잡한 우리 성당
큰 수녀 헌신과 희생
덕분에 그래도
평화롭고 행복한
우리 성당이 되나 봅니다

## 어머니

어머니가 보고 싶어요
꿈속에서라도 그분은
혹시 그것조차 자식 근심될까
하여 보이지 않으십니다

어머니가 그리워져요
세상에 꽃이 만발하는 요즘
함께 걸으며 즐거움을
나누고 싶지만 무심한 세월만
가고 그분은 보이지 않아요

어머니, 어머니 하늘을 보고
불러 봅니다
무심한 흰 구름만 불효한
자식을 물끄러미 바라보며
덧없이 지나가고
어머니는 묵묵부답입니다

살아생전 불효를 사과드리고
용서받고 싶어도
잘못했다고 변명하고 싶어도
이제는 그냥 가슴속에
품은 어머니만을 그리워하며
눈물을 보이지 않게
남몰래 울 뿐입니다
어머니, 어머니, 어머니

# 목련

하얀 이를
드러내며
봄소식에
함빡 웃습니다

하얀 손을
높이 들어
봄소식을
활짝 맞습니다

하얀 맘을
향기로운
봄 향기로
널리 보냅니다

## 아름다운 꿈

아름다운 꿈을
꿉니다
십 대 이십 대가
곱고 행복해지는

아름다운 꿈을
꿉니다
삼십 대 사십 대가
갑질에서 해방되기를

아름다운 꿈을
꿉니다
오십 대 육십 대가
탄식에서 벗어나기를

아름다운 꿈을
꿉니다
칠십 대 팔십 대가
편안하게 지내시기를

아름다운 꿈을
꿉니다
구십 대 백 대가
고요하게 눈을 감기를

# 지상 천국

신부님 수녀님들
순교하는
마음으로
성당을 지켜 가네

좋으면 성당 오고
나그네처럼

조금만 어려워도
마음대로
신자들 떠나가네

서로가 불평하며
한쪽은 심혈 기울여
기도하고
한쪽은 태평이네

사랑 희망 믿음
삭막한 이집트
노예가 되고
평화는 가나안
꿈이런가?

회개하고
돌아오는 기원
돋아나는 희망
솟아나는 사랑
새순 되는 믿음

우리 성당
평화 낙원
커다란 꿈
서서히
이뤄 가네

# 온 누리

온 누리
하얀 솜이불
덮고
고요히 잠을 잡니다

소나무
하얀 누더기
털며
조용히 눕고 싶답니다

참나무
하얗게 파르르
떨며
편하게 자고 싶답니다

낙엽 산 풀
기쁘게 사르르
누워
단 낮잠 깊이 잡니다

잔소리
시끄러워
아파도
온 누리 평화롭습니다

## 성당을 가면

성당을 가면
희망이 보이고
행복합니다
예수님 꼭 닮은
요셉 신부님
계서서요

성당에 가면
기쁘고
행복합니다
성모님 꼭 닮은
실비아, 마리아
수녀님
계서서요

성당에 가면
즐겁고
행복합니다
수호성인 꼭 닮은
자매님들
형제님들
계서서요

# 삶의 오솔길

매서운 바람이
두려운 파도가
밀리어 덮칠 때
두 손을 모으고
평화의 오솔길
조용히 걷지요

비난과 험담이
들리면 두 귀를
더 열어 들으며
두 손을 모으고
침묵의 오솔길
초연히 걷지요

핍박과 고통이
가슴을 할퀴면
아픔을 보듬고
두 손을 모으고
인내의 오솔길
평안히 걷지요

기쁨과 행복이

마음에 담기면
즐거움 숨기며
두 손을 모으고
겸손의 오솔길
정겹게 걷지요

## 행복했어요

행복했어요
서로서로
걱정해 주어서요

행복했어요
서로서로
위로해 주어서요

행복했어요
서로서로
기도해 주어서요

행복했어요
서로서로
사랑해 주어서요

행복했어요
서로서로
희망을 주어서요

행복했어요
서로서로

도움을 주어서요

행복했어요
서로서로
미소를 지어서요

# 꿈

꿈을 꾸었어요
수리산에
하얗게 눈 내리는 날 밤
어린아이 태어났어요

꿈을 꾸었어요
어린아이
귀엽고 아리따운 만면에
사람 미소 짓게 했어요

꿈을 꾸었어요
아기 얼굴
하얗고 거룩하여 만민의
마음 곱게 어루만져요

꿈을 꾸었어요
아픈 아내
쓰다듬고 위로하는 그분
누리 만상 찬미하시네

꿈을 꾸었어요
우리 신부님

애쓰고 고뇌하는 그분
만면 미소 아기 보시네

꿈을 꾸었어요
우리 수녀님
힘쓰며 기도하는 그분
기뻐하며 아기 반기네

꿈을 꾸었어요
우리 신자들
애태우며 기다리는 그분
해 달처럼 환히 오셨네

꿈이 깨었어요
아기 예수
태어나 온 세상을 큰 빛
감싸 안아 평강 주시네

# 촛불

촛불 컸어요
지난 실수 과오
하나하나
태워 날립니다

촛불 컸어요
지난 미움 다툼
하나하나
태워 날립니다

촛불 컸어요
지난 비난 불평
하나하나
태워 날립니다

촛불 컸어요
지난 나태 무심
하나하나
태워 날립니다

촛불 컸어요
이제 자비 사랑

하나하나
환히 빛냅니다

촛불 켰어요
이제 용서 희망
하나하나
환히 빛냅니다

촛불 켰어요
이제 나눔 화합
하나하나
환히 빛냅니다

촛불 켰어요
이제 기쁨 평화
하나하나
환히 빛냅니다

촛불 켰어요
이제 공의 감사
하나하나
환히 빛냅니다

# 낮밤

낮에 해처럼
그분이 오시어
온 누리를 밝혀 주신다

칙칙한 구석
후미진 어두운 곳
골고루 빛을 내린다

밤엔 달처럼
그분이 오시어
세상을 비춰 주신다

굴곡진 언덕
캄캄한 골짜기
어디든지 빛을 내린다

# 어머니

어머니
밥 지어
자식 먹이지요

어머니
약 지어
자식 살리지요

어머니
정 지어
자식 키우지요

어머니
품 안이
제게 평안이죠

# 그루터기

그루터기
햇순 돋아나
예쁜 햇순 나와요

그루터기
햇순 솟아나
연두 새싹 자라요

그루터기
새싹 자라나
녹색 잎 커가요

그루터기
원목 되찾아
넓은 그늘 내려요

그루터기
꽃눈 틔워요
향기 가득 피워요

그루터기
열매 맺혀요

주렁주렁 자라요

그루터기
백성 불러요
환호 열광해요